Sabrina Fauda-Rôle

Party-Rezepte für Bunte Platten

Sabrina Fauda-Rôle

Fotos: David Japy

Party-Rezepte
für Bunte Platten

Bassermann

Inhalt

Brunch

Für 4 Personen

RÜHREI MIT SPECK

Vorbereitung: 10 Min. • **Garen:** 12 Min.

12 Scheiben geräucherter Speck • 2 EL Honig •
2 Prisen frisch gemahlener schwarzer Pfeffer •
10 g Butter • 6 Eier • 1 Prise Salz

1. Den Backofengrill auf 240 °C (Ober- und Unterhitze)
vorheizen. Ein Backblech mit Backpapier auslegen.
2. Die Speckscheiben auf dem vorbereiteten Backblech
verteilen. Mit Honig bestreichen und mit Pfeffer
bestreuen. 5 Min. rösten, dann die Scheiben wenden und
2 Min. weiterrösten, bis sie schön knusprig sind.
3. Die Butter in einer Pfanne bei schwacher Hitze zerlassen.
Die Eier in die Pfanne aufschlagen und ohne zu rühren
leicht stocken lassen. Die Pfanne leicht rütteln, die Hitze
reduzieren und das Rührei vollständig durchgaren.
4. Rührei und Speck in der Pfanne oder auf einem Teller anrichten.

AVOCADO-BROT

Vorbereitung: 10 Min.

½ kleine Gurke • 2 reife Avocados • 50 g Frischkäse •
Saft von ¼ Zitrone • 1 Prise Salz • 1 Prise frisch gemahlener Pfeffer •
1 große Scheibe Vollkornbrot • Spinatblätter

1. Die Gurke waschen und in feine Scheiben hobeln. Die Avocado
schälen und entsteinen.
2. Das Avocadofleisch mit dem Frischkäse zerdrücken und mit
Zitronensaft, Salz und Pfeffer würzen.
3. Die Avocadomischung auf der Vollkornbrotscheibe verteilen.
Mit Gurkenstreifen und Spinatblättern garnieren.

BANANEN-HEIDELBEER-PFANNKUCHEN

Vorbereitung: 10 Min. • **Kochen:** 15 Min.

190 g Mehl • 2 Prisen Natron • ½ Päckchen Backpulver •
1 EL Puderzucker • 300 ml Kefir oder Buttermilch •
2 Eier, verquirlt • 80 g zerlassene Butter • 1 Prise Salz •
150 g frische Heidelbeeren • 2 Bananen • Ahornsirup

1. Mehl, Natron, Backpulver und Zucker vermengen.
Den Kefir oder die Buttermilch mit Eiern und zerlassener
Butter verrühren.
2. Die flüssigen Zutaten zu den trockenen geben
und nur leicht mischen, der Teig sollte klumpig sein.
Die Heidelbeeren waschen und trocken tupfen. Die
Bananen schälen und in Scheiben schneiden.
3. Eine Antihaft-Pfanne auf mittlerer Stufe erhitzen, eine kleine
Schöpfkelle Pfannkuchenteig hineingießen und mit je 5 Bananenscheiben und Heidelbeeren belegen. 30 Sekunden backen, bis
sich auf der Oberfläche Bläschen bilden, dann den Pfannkuchen
wenden. 30 Sekunden weiterbacken. Herausheben und auf einem
Teller beiseitestellen. Den restlichen Teig ebenso verarbeiten.
4. Mit Heidelbeeren, Bananenscheiben und Ahornsirup servieren.

Ganz ohne Zubereitung!
Dazu passt:

Schinken • Räucherlachs • Spinatblätter • alter Gouda oder
Bergkäse • Orangenspalten • Avocadoscheiben •
Zitronenscheiben • frische Fruchtsäfte • Tee • Kaffee

Süßer Brunch

Für 6–8 Personen

ARME RITTER MIT CHAI-TEE GEWÜRZT

Vorbereitung: 5 Min. • **Kochen:** 12 Min.

250 ml Milch • 1 Teebeutel Chai-Tee • 2 Eigelbe • 4 Scheiben Weißbrot • 25 g Butter • Puderzucker • Bananenscheiben • Beeren

1. Die Milch erhitzen, aber nicht kochen lassen. Den Teebeutel darin nach Packungsangabe ziehen lassen, wobei die Milch etwas abkühlt. Die Eier verquirlen und unter die warme Milch rühren.
2. Die Brotscheiben in der Milchmischung einweichen. Die Butter in einer großen Pfanne auf mittlerer Stufe erhitzen. Sobald sie schäumt, die Brotscheiben hineingeben und von jeder Seite 2 oder 3 Minuten braten, bis sie braun werden.
3. Mit Puderzucker bestäuben und mit Bananenscheiben und Beeren servieren.

Ganz ohne Zubereitung!
Dazu passt:

Butter • Nugat-Nuss-Aufstrich • Walnüsse • Mandeln • Haselnüsse • getrocknete Aprikosen • Erdbeeren • Heidelbeeren • Himbeeren • Zitronenscheiben • brauner Zucker • Ahornsirup • Bananenscheiben

---

SCHOKO-BANANEN-BLÄTTERTEIGROLLE

Vorbereitung: 10 Min. • **Kochen:** 20 Min.

1 Fertig-Blätterteig • 200 g Zartbitterschokolade • 3 Bananen (200 g) • 1 Ei • 1 TL Zimtpulver • 1 EL Kokosraspel

1. Den Backofen auf 200 °C (Ober- und Unterhitze) vorheizen. Den Teig ausrollen und mit dem Papier auf einen Teller geben.
2. Die Schokolade in Stücke brechen. Die Bananen in ½ cm dicke Scheiben schneiden.
3. Die Schokoladenstücke in vier Reihen auf dem Teig verteilen und die Bananenscheiben darauflegen. Die beiden Längsseiten des Teigs über die Bananen schlagen, die Kurzseiten nach innen schlagen (siehe Foto, es soll wie ein Brot aussehen). 20 Minuten im vorgeheizten Ofen backen.
4. Die Eigelbe mit 1 Teelöffel Wasser verquirlen. Die Blätterteigrolle aus dem Ofen nehmen, mit dem Eigelb bestreichen und mit Zimt und Kokosraspeln bestreuen. Weitere 10 Minuten im Ofen backen. Vor dem Servieren abkühlen lassen.

KLASSISCHE CRÊPES

Vorbereitung: 5 Min. • **Pause:** 1 Std. • **Kochen:** 10 Min.

250 ml warme Milch • 25 g Butter, zerlassen • 2 Eier • 125 g Mehl • 1 EL Puderzucker • 1 Prise Salz

1. Die Milch mit der zerlassenen Butter mischen. Die Eier leicht verquirlen.
2. Mehl, Zucker und Salz mit den Eiern verrühren. Unter Rühren nach und nach die Butter-Milch-Mischung zugießen.
3. Den Teig 1 Stunde ruhen lassen, dann die Pfannkuchen backen.

Dessert-Platte

Für 6–8 Personen

MILCHREIS

Vorbereitung: 5 Min. • **Kochen:** 25 Min.

500 ml Milch • 75 g Rundkornreis • 50 g Zucker • abgeriebene Schale von ½ Zitrone

1. Alle Zutaten in einen Topf geben. Die Milch unter ständigem Rühren zum Kochen bringen, dann den Reis 20 Minuten bei sehr schwacher Hitze abgedeckt garen, den Deckel dabei schräg aufsetzen, damit die Milch nicht überkocht.
2. Den Herd ausstellen und den Reis mit aufgesetztem Deckel abkühlen lassen. In den Kühlschrank stellen.

FRISCHKÄSETÖRTCHEN MIT LIMETTE

Vorbereitung: 10 Min. • **Kühlen:** 2 Std. 15 Min.

16 Spekulatius • 20 g Kokosöl • 400 g Frischkäse • Saft und abgeriebene Schale von 1 Limette • 40 g Zucker

1. Die Spekulatius fein zerkrümeln. Das Kokosöl zerlassen und mit den Spekulatiuskrümeln vermischen.
2. Den Teig auf 9 Backformen oder -ringen mit 10 cm Durchmesser verteilen, andrücken und an einem kühlen Ort fest werden lassen.
3. Den Frischkäse mit Limettensaft und dem Großteil der Limettenschale sowie Zucker vermischen. Diese Mischung auf die Teigböden geben und für mindestens 2 Stunden in den Kühlschrank stellen.
4. Anschließend 15 Minuten in den Tiefkühler stellen, dann aus der Form nehmen. Vor dem Servieren mit der restlichen Limettenschale bestreuen.

HIMBEERTORTE

Vorbereitung: 15 Min. • **Garen:** 35 Min.

1 Fertig-Mürbeteig • 250 ml Milch • 1 Päckchen Vanillezucker • 1 großes Eigelb • 30 g Zucker • 200 g kalte Sahne • 30 g Mehl • 250 g Himbeeren • Puderzucker

1. Den Backofen auf 180 °C (Ober- und Unterhitze) vorheizen. Boden und Rand einer Springform mit dem Mürbeteig auskleiden und mit einer Gabel einstechen. 30 Minuten backen. Abkühlen lassen und aus der Form nehmen.
2. Die Milch in einen Topf geben, den Vanillezucker einrühren und erhitzen. Das Eigelb mit dem Zucker so lange rühren, bis die Masse weiß wird. Das Mehl einrühren. Die warme Milch unter Rühren zugießen und die Mischung wieder in den Topf füllen. Bei schwacher Hitze unter Rühren erhitzen, bis die Creme eindickt. Im Topf abkühlen lassen.
3. Die Sahne steif schlagen. 2 Esslöffel Sahne in die Creme rühren, dann die gesamte Sahne mit einem Teigspatel vorsichtig unterheben. Die Creme auf dem Teigboden verstreichen und den Tortenboden in den Kühlschrank stellen.
4. Kurz vor dem Servieren die Himbeeren auf der Creme anrichten und mit Puderzucker bestreut servieren.

Ganz ohne Zubereitung! Dazu passt:

Erdbeeren • Johannisbeeren • Blaubeeren • Bananenscheiben • Quark • Honig • Schokoladensauce • Joghurt • rote Grütze • Schlagsahne • Kuchen • Pfannkuchenstücke

Süßes am Nachmittag

Für 6–8 Personen

MINI-BAISERS

Vorbereitung: 10 Min. • **Kochen:** 2 Std.

2 Eiweiße • 160 g Feinstzucker

1. Den Backofen auf 120 °C (Ober- und Unterhitze) vorheizen.
2. Das Eiweiß steif schlagen. Wenn es beginnt, weiß und schaumig zu werden, unter weiterem Rühren die Hälfte des Zuckers einrieseln lassen. Weiterschlagen, bis die Spitzen fest sind, dann den Rest des Zuckers zufügen und kurz weiterschlagen.
3. Auf ein mit Backpapier ausgelegtes Backblech zehn Häufchen setzen und die Baisers 2 Stunden im vorgeheizten Ofen backen. Auf einem Kuchengitter abkühlen lassen.

SCHOKOLADENTALER

Vorbereitung: 15 Min.

100 g Zartbitterschokolade • Kokosraspel • 4 Haselnüsse, gehackt • 4 Mandeln, gehackt • 6 Rosinen • Meersalz

1. Die Schokolade in einem Wasserbad oder in der Mikrowelle schmelzen.
2. Ein Backblech mit Backpapier auslegen. 20 esslöffelgroße Portionen der geschmolzenen Schokolade mit etwas Abstand auf das Backpapier setzen.
3. Jeden Schokoladenkreis mit Kokosraspeln und/oder Haselnussstücken, Mandeln oder 1 Rosine belegen.
4. Mit Meersalz bestreuen und bis zum Servieren bei Raumtemperatur aushärten lassen.

JOHANNISBEERTÖRTCHEN

Vorbereitung: 10 Min. • **Kochen:** 15 Min.

50 g rote Johannisbeeren • 70 g Butter • 1 Prise Salz • 25 g Mehl • 40 g gemahlene Mandeln • 80 g Feinstzucker • 2 Eiweiße

1. Den Backofen auf 190 °C (Ober- und Unterhitze) vorheizen. Die Johannisbeeren putzen, waschen und trocken tupfen.
2. Die Butter mit etwas Salz in einen Topf geben und schaumig goldbraun zerlassen, bis sie duftet.
3. Mehl, Mandeln, Zucker und Eiweiß vermischen. Die geschmolzene Butter einrühren.
4. Den Teig in 8 Törtchen- oder Muffinformen gießen. Zwei Drittel Johannisbeeren zufügen und mit einem Zahnstocher unter den Teig ziehen.
5. Im vorgeheizten Ofen 10–15 Minuten backen, bis die Törtchen goldbraun sind. In der Form abkühlen lassen und herausnehmen. Mit den restlichen Johannisbeeren garnieren.

Ganz ohne Zubereitung!
Dazu passt:

Tee • Kaffee • Milch • Zucker • Karamellbonbons • Schokolade • Waffelröllchen • Scones • Butter • weißer Nugat • Schlagsahne • Obst • Joghurt • Orangenmarmelade

Wurst- und Käseplatte

Für 8 Personen

KRÄUTERBUTTER

Vorbereitung: 5 Min.

6 Zweige Kerbel • 12 Halme Schnittlauch • 100 g weiche Butter •
1 TL Salz • 1 Prise frisch gemahlener Pfeffer

1. Kerbel und Schnittlauch waschen, trocknen und fein hacken.
2. Die Kräuter mit Butter, Salz und Pfeffer vermengen und zu
einer Kugel formen.
3. In Folie wickeln und bis zum Servieren in den Kühlschrank stellen.

KRÄUTER-ZITRONEN-SAUCE

Vorbereitung: 10 Min.

6 Stängel Minze • 6 Stängel Petersilie • 1 Frühlingszwiebel •
1 Knoblauchzehe • 4 Esslöffel Olivenöl • Saft und abgeriebene Schale
von ½ Zitrone • 1 Prise Salz

1. Minze, Petersilie und Frühlingszwiebel putzen, waschen
und trocknen. Den Knoblauch abziehen.
2. Petersilie und Minze grob hacken, Knoblauch und
Frühlingszwiebel fein hacken. In einer Schüssel mit Olivenöl,
Salz, Zitronensaft und -schale vermischen.

KÄSEKUGEL MIT NÜSSEN

Vorbereitung: 10 Min. • **Kühlen:** 1 Std.

200 g Gorgonzola • 200 g Frischkäse • 200 g geriebener
Emmentaler • 2 Prisen frisch gemahlener schwarzer Pfeffer •
100 g Walnusskerne • 100 g gehackte Haselnüsse

1. Gorgonzola, Frischkäse, Emmentaler und Pfeffer in einer
Schüssel verrühren.
2. Zwei Streifen Frischhaltefolie kreuzförmig aufeinanderlegen
und die Käsemasse in die Mitte geben. Die Frischhaltefolie
darumwickeln und die Masse zu einer Kugel formen.
Für 1 Stunde in den Kühlschrank legen.
3. Erneut zwei Streifen Frischhaltefolie kreuzförmig
auslegen und mit den Nüssen belegen.
4. Die Käsekugel auswickeln und in die Mitte des Kreuzes auf die
Nüsse legen. Gleichmäßig mit den restlichen Nüssen bedecken.
5. Fest mit der Folie und den Nüssen umwickeln und
wieder in eine Kugelform bringen. Bis zum
Servieren in den Kühlschrank legen.

Ganz ohne Zubereitung! Dazu passt:

verschiedene Käsesorten • roher Schinken • gekochter Schinken • Leberwurst • Salami •
Pastete • saure Gurken • Trockenobst • Chicoreeblätter • Weintrauben • Cocktailtomaten •
Nüsse und Mandeln • verschiedene Brotsorten • Pesto • gekochte Eier • Cräcker

Falafel und Co.

Für 6 Personen

FALAFEL

Vorbereitung: 10 Min. • **Kochen:** 12 Min. • **Ruhen:** 12 Std.

250 g getrocknete Kichererbsen • 12 Stängel Koriander • 12 Stängel Petersilie • 1 Knoblauchzehe • 1 Frühlingszwiebel • 1 TL Natron • 1 TL gemahlener Kreuzkümmel • 1 Teelöffel gemahlener Koriander • ¼ eingelegte Zitrone • 1 EL Ahornsirup • 1 Prise Salz • Öl, zum Frittieren

1. Die Kichererbsen mindestens 12 Stunden in einer mit kaltem Wasser gefüllten Schüssel einweichen. Abgießen, abspülen und gründlich trocknen.

2. Koriander und Petersilie waschen, trocknen und hacken.

3. Den Knoblauch abziehen und vierteln. Die Frühlingszwiebel putzen und in Ringe schneiden.

4. Die Kichererbsen in eine Küchenmaschine geben und mit der Pulse-Funktion zerkleinern.

5. Gehackte Kräuter, Frühlingszwiebel, Knoblauch, Natron, Kreuzkümmel, Koriander, Zitrone, Ahornsirup und Salz zufügen. Alles zu einer Paste mixen.

6. Aus der Masse 15 Kugeln formen und diese auf einen Teller legen.

7. Das Öl in einem hohen Topf erhitzen. Je 5 Falafeln gleichzeitig 4 Minuten frittieren und auf Küchenpapier abtropfen.

BABA GANOUSH DIP

Vorbereitung: 10 Min. • **Backen:** 30 Min.

500 g Auberginen • ½ Bund glatte Petersilie • 1 EL schwarze Oliven ohne Stein • 3 EL Tahini (Sesampaste) • 3 EL Zitronensaft • 2 EL Olivenöl • 2 Knoblauchzehen • Salz, Pfeffer, Kreuzkümmel

1. Den Backofen auf 220 °C (Ober-/Unterhitze) vorheizen. Die gewaschenen Auberginen mehrmals mit der Gabel einstechen und längs halbieren, auf ein mit Backpapier belegtes Backblech legen, mit Salz bestreuen und ca. 30 Minuten backen, bis die Haut fast schwarz ist.

2. Petersilie und Oliven fein hacken.

3. Das Auberginenfleisch aus der Schale schaben und mit Tahin, Zitronensaft und Öl mixen. Den Knoblauch dazupressen, Oliven und Petersilie einrühren. Mit Salz, Pfeffer und Kreuzkümmel abschmecken.

AVOCADO-MINZE-DIP

Vorbereitung: 10 Min.

12 Blätter Minze • 1 Avocado • 125 g Naturjoghurt • Saft von 1 Zitrone • 1 Prise Salz • 1 Prise frisch gemahlener schwarzer Pfeffer

1. Die Minzeblätter waschen und trocknen. Die Avocado schälen und entsteinen.

2. Das Avocadofruchtfleisch mit Joghurt, Zitronensaft, Minze, Salz und Pfeffer pürieren.

3. Bis zum Servieren in den Kühlschrank stellen.

Ganz ohne Zubereitung!
Dazu passt:

**Hummus • Gurkensticks • Salatblätter •
Pita-Brot • Zitronenspalten •
gefüllte Weinblätter • Minzeblätter •
Granatapfelkerne • dicke Bohnen •
rote Zwiebelstreifen • Radieschen •
Feigenkonfitüre • Olivenöl**

Berghüttenschmaus

Für 6–8 Personen

SCHINKEN-SESAM-STANGEN

Vorbereitung: 10 Min. • **Backen:** 15 Min.

1 Ei, verquirlt • 1 Fertig-Blätterteig • 16 Scheiben geräucherter
Schinken • 1 EL Sesamsaat

1. Den Backofen auf 180 °C (Ober- und Unterhitze) vorheizen
und ein Backblech mit Backpapier auslegen.
2. Das Ei mit einem Pinsel auf dem Blätterteig verstreichen. Den
Schinken so auf den Blätterteig legen, dass sich 8 Streifen ergeben.
3. Den Teig entlang der Schinkenstreifen zurechtschneiden.
Jeden Streifen länglich aufrollen und aufs Backblech legen.
4. Mit Sesam bestreuen. 15 Minuten im vorgeheizten
Ofen backen, bis die Stangen goldbraun sind. Vor dem
Servieren auf einem Teller abkühlen lassen.

BACKOFENKÄSE-TRIO

Vorbereitung: 5 Min. • **Backen:** 15–20 Min.

3 verschiedene Weichkäse nach Geschmack, z. B. Camembert,
Coulommiers, Vacherin Mont-d'or, möglichst in einer Holzschachtel

1. Den Backofen auf 220 °C (Ober- und Unterhitze) vorheizen.
Den Käse aus dem Papier wickeln und den Käse in die
Holzschachtel oder in eine passende Backform setzen, die
Holzschachtel noch mit Backpapier umkleiden, damit kein Käse
in den Backofen tropft. Die Oberfläche vom Käse einritzen.
2. Nach Belieben mit Thymian, gehacktem Knoblauch,
Kreuzkümmel oder gehackter Schalotte bestreuen.
3. Den Käse backen, bis er außen goldgelb und innen weich ist –
wenn die Oberfläche zu dunkel wird, Alufolie oder Backpapier
auflegen. Sofort servieren.

GEMÜSE-POMMES-TRIO

Vorbereitung: 10 Min. • **Backen:** 30 Min.

500 g Kartoffeln • 500 g Süßkartoffeln •
500 g Kürbis • 2 EL Olivenöl • 2 TL Thymian •
1 TL grobes Meersalz • 2 Prisen Pfeffer

1. Den Backofen auf 220 °C (Ober- und Unterhitze)
vorheizen. Ein Backblech mit Backpapier auslegen.
2. Das Gemüse nach Belieben schälen, waschen und trocknen.
In 1–2 cm dicke Pommes schneiden. In eine Schüssel geben
und mit Öl, Thymian, Salz und Pfeffer überziehen.
3. Auf dem vorbereiteten Backblech verteilen und 30 Minuten
backen. Die Pommes können zusammen mit dem Käse-Trio
gebacken werden.

Ganz ohne Zubereitung!
Dazu passt:

**Blattsalat und Chicoréeblätter •
Nüsse • roher Schinken • Koch-
schinken • Selleriestangen • Apfel-
spieße mit getrockneten Aprikosen,
Trauben und Nüssen • verschiedene
Brotsorten • Cräcker • Senf • Dips •
Radieschen • Gemüsesticks**

Alles mit Schokolade

Für 6 Personen

MOUSSE AU CHOCOLAT

Vorbereitung: 15 Min. • **Kühlen:** 2 Std.

110 g Zartbitterschokolade (70% Kakaoanteil) • 3 Eier •
1 Esslöffel Zucker • 1 Prise Meersalz

1. 100 g Schokolade im Wasserbad oder in der Mikrowelle
schmelzen. Eigelbe und Eiweiße trennen.
2. Das Eiweiß steif schlagen. Wenn sich das Volumen um
die Hälfte vergrößert hat, unter weiterem Rühren den
Zucker hinzufügen und die Masse steif schlagen.
3. Die geschmolzene Schokolade mit Eigelben und Salz in
einer großen Schüssel mischen. ¼ des Eischnees einrühren.
Den restlichen Eischnee mit einem Teigspatel unterheben.
4. Die restliche Schokolade reiben und unter die Mischung
ziehen. Für mindestens 2 Stunden in den Kühlschrank stellen.
Gekühlt servieren.

Ganz ohne Zubereitung!
Dazu passt:

Schokoladenstücke (Zartbitter, Vollmilch, weiß) • geschlagene
Sahne • Plätzchen mit Schokolade • gefüllte Schokoladeneier •
Himbeeren • Heidelbeeren • Brombeeren • Trüffel • Pralinen •
schokolierte Nüsse

SCHOKO-COOKIES MIT SESAM UND ERDNUSS

Vorbereitung: 15 Min. • **Backen:** 25 Min.

65 g weiche Butter • 1 Prise Salz • 125 g brauner Zucker • 65 g Tahini
(Sesampaste) • 1 Ei • 200 g Weizenmehl Type 550 • ½ Päckchen
Backpulver • 75 g Schokoladenstückchen • 100 g Erdnüsse, geröstet

1. Den Backofen auf 140 °C (Ober- und Unterhitze) vorheizen.
Ein Backblech mit Backpapier auslegen. Butter, Salz, Zucker
und Tahini vermischen. Die übrigen Zutaten zugeben und zu
einem Teig verkneten, jedoch nicht zu stark bearbeiten.
2. Aus dem Teig etwa zwölf Kugeln formen und auf das vorbereitete
Backblech legen. Jede Kugel auf 2 cm flach drücken. 25 Minuten im
vorgeheizten Ofen backen. Auf einem Kuchengitter abkühlen lassen.

SCHOKOLADEN- UND NUSSTRÜFFEL

Vorbereitung: 15 Min. • **Backen:** 10 Min. • **Kühlen:** 20 Min.

25 g Sahne • 1 EL Kokosöl • 100 g Zartbitterschokolade •
8 Haselnüsse • 15 g ungesüßtes Kakaopulver

1. Sahne und Kokosöl in einem Topf erhitzen. Nicht zum
Kochen bringen.
2. Die Schokolade hacken und mit der heißen Kokossahne
übergießen. 10 Minuten ziehen lassen, dann umrühren und
10 Minuten abkühlen lassen.
3. Die Haselnüsse hacken und auf einen tiefen Teller geben.
Das Kakaopulver in einen zweiten tiefen Teller streuen.
4. Aus der Schokoladensahne zehn 10 walnussgroße Kugeln formen.
Jede Kugel entweder in den Nüssen oder im Kakaopulver wenden.
5. Bis zum Servieren in den Kühlschrank legen.

Gemüseplatte

Für 6–8 Personen

GRÜNKOHLCHIPS

Vorbereitung: 10 Min. • **Backen:** 15 Min.

300 g Grünkohlblätter • 1 EL Olivenöl • 1 EL Gomasio (Mischung aus 7 Teilen Sesam und 1 Teil Salz)

1. Den Backofen auf 180 °C (Umlauf) vorheizen. Ein Backblech mit Backpapier auslegen.
2. Die Grünkohlblätter waschen und trocknen. In jeweils 3–4 cm große Stücke zerteilen. Mit Olivenöl und Gomasio in einer Schüssel mischen.
3. Im vorgeheizten Ofen 10–15 Minuten backen. Die Blätter sollten knusprig sein. Auf einem Kuchengitter abkühlen lassen.

SESAMSAUCE

Vorbereitung: 5 Min.

6 Esslöffel Tahini (Sesampaste) • Saft von ½ Zitrone • 6 Esslöffel Wasser • 1 Prise Salz • Sesamsaat, zum Garnieren

Alle Zutaten zu einer glatten Sauce vermischen.

GERÖSTETER BLUMENKOHL

Vorbereitung: 5 Min. • **Backen:** 45–50 Min.

1 Blumenkohl (1 kg) • 4 EL Olivenöl • 1 TL geräuchertes Paprikapulver • 2 Prisen Salz • 1 Prise Pfeffer

1. Salzwasser in einem großen Topf zum Kochen bringen.
2. Den Backofen auf 200 °C (Ober- und Unterhitze) vorheizen. Ein Backblech mit Backpapier auslegen.
3. Den Blumenkohl waschen, den Strunk gerade schneiden, dabei die Blätter stehen lassen. Ins kochende Wasser geben und 5 Minuten köcheln lassen. Herausheben, abtropfen und aufs vorbereitete Backblech setzen.
4. Olivenöl, Paprikapulver, Salz und Pfeffer in einer Schüssel verrühren.
5. Den Blumenkohl mit dieser Mischung bestreichen und 45 Minuten im vorgeheizten Ofen backen, bis der Blumenkohl goldbraun ist. Heiß oder warm servieren.

Ganz ohne Zubereitung!
Dazu passt:

Brot • Hummus • Mandelpüree • Sesamcracker • Meersalz • rohes und gekochtes Gemüse • Cräcker • Butter • Salz • Rettich • Radieschen

Veggie-Platte

Für 6 Personen

ERBSEN-MINZ-DIP

Vorbereitung: 5 Min.

250 g gekochte Erbsen • 50 g gemahlene Mandeln •
150 g griechischer Joghurt, 10 % Fett • 8 Blätter Minze •
1 Prise Salz • 1 Prise Pfeffer

1. Alle Zutaten in einem Mixer zu einem glatten Dip pürieren.
2. Bis zum Servieren in den Kühlschrank stellen.

Ganz ohne Zubereitung!
Dazu passt:

hart gekochte Eier • Oliven • Pistazien • getrocknete Tomaten •
Mandeln • Nüsse • Selleriestangen • Karottenstangen •
Rettich • Chinakohlblätter • Cocktailtomaten • Radieschen •
verschiedene Käsesorten • Crème fraîche • Baguette • Cräcker •
geröstetes Landbrot

ZIEGENKÄSE-HONIG-CROSTINI

Vorbereitung: 5 Min. • **Backen:** 10 Min.

2 kleine Ziegenweichkäse • 1 Knoblauchzehe • 8 Scheiben Baguette •
2 EL Honig • 1 EL Olivenöl • 2 Zweige Thymian

1. Den Backofen auf 220 °C (Ober- und Unterhitze)
vorheizen. Ein Backblech mit Backpapier auslegen.
2. Jeden Käse vierteln. Die Knoblauchzehe abziehen
und die Baguettescheiben damit einreiben.
3. Die Scheiben auf das vorbereitet Backblech legen. Auf
jede Scheibe ein Stück Käse setzen und mit Honig und
Olivenöl beträufeln. Mit Thymianblättern bestreuen.
4. Im vorgeheizten Ofen 10 Minuten backen.

POLENTAKUCHEN MIT SPINAT & PARMESAN

Vorbereitung: 10 Min. • **Backen:** 15 Min.

200 g Spinatblätter • 250 g Polenta • 1 TL grobes Meersalz •
20 g Butter, in Flocken • 1 Prise frisch gemahlener Pfeffer •
100 g Parmesankäse, gerieben

1. Den Backofen auf 220 °C (Ober- und Unterhitze)
vorheizen. Eine Springform mit Backpapier auslegen.
2. Den Spinat waschen und trocknen.
3. 1 Liter Salzwasser in einem Topf zum Kochen
bringen. ⅓ der Polenta einrühren. Unter weiterem
Rühren die übrige Polenta zugeben.
4. 3 Minuten weiterrühren, dann Spinat, Butterflocken und
Pfeffer zugeben. Rühren, bis der Spinat zerfallen ist.
5. Die Polentamasse in die Backform füllen.
6. Mit dem geriebenen Parmesankäse bestreuen und
15 Minuten im vorgeheizten Ofen backen. Heiß servieren.

Vegane Platte
Für 6–8 Personen

VEGANE MAYONNAISE
Vorbereitung: 10 Min.

6 Esslöffel Kichererbsenwasser (aus der Konserve) •
1 Esslöffel Zitronensaft • 1 Teelöffel Senf • 1 Prise gemahlene
Kurkuma • 1 Prise Salz • 1 Prise Pfeffer • 150 ml Pflanzenöl

1. Kichererbsenwasser, Zitronensaft, Senf, Kurkuma,
Salz und Pfeffer mit dem Mixer verrühren.
2. Langsam das Öl in einem dünnen Strahl unter
ständigem Rühren zugießen. Wenn die Mayonnaise
eingedickt ist, noch etwas weiterrühren.
3. Bis zum Servieren in den Kühlschrank stellen.

SÜSSKARTOFFEL-HUMMUS
Vorbereitung: 5 Min. • **Kochen:** 45 Min.

1 Süßkartoffel (500 g) • 250 g gekochte Kichererbsen, abgetropft •
2 EL Haselnuss-, Erdnuss- oder Mandelbutter • Saft von 2 Limetten •
1 Prise Zimtpulver • 1 Prise gemahlene Kurkuma • 1 Prise Salz •
1 Prise frisch gemahlener Pfeffer • 2 EL Olivenöl

1. Den Backofen auf 220 °C (Ober- und Unterhitze) vorheizen.
2. Die Süßkartoffel in eine Auflaufform geben und 45 Minuten
backen. Auf Raumtemperatur abkühlen lassen. Halbieren
und das Fruchtfleisch herauslöffeln.
3. Das Süßkartoffelfleisch mit Kichererbsen, Nussbutter,
Limettensaft, Zimt, Kurkuma, Salz, Pfeffer und Olivenöl
im Mixer pürieren.
4. Bis zum Servieren in den Kühlschrank stellen.

FRÜHLINGSROLLEN
Vorbereitung: 20 Min.

1 Gurke • 4 Salatblätter •
12 Blätter Minze •
4 Reispapierblätter (20 cm ø) •
4 EL Hummus • 2 Karotten, grob gerieben •
40 g Rotkohl, in feine Streifen gehobelt

1. Gurke, Salat und Minze waschen. Die Gurke
in Stifte schneiden. Den Salat zerzupfen.
2. Ein Reispapierblatt auf ein sauberes Küchentuch legen,
und das Blatt befeuchten, sodass es weich ist. Ein Viertel des
Hummus auf der Unterseite des Blattes verstreichen und
je ein Viertel von Karotten, Kohl und Salat darauflegen.
3. Die beiden seitlichen Teigränder über das Gemüse
klappen, damit es beim Aufrollen nicht herausfällt.
Die Frühlingsrolle vom Körper weg aufrollen. Nach
der ersten Umdrehung 3 Minzeblätter nebeneinander
auf das Reispapier legen und dann weiterrollen.
4. Die übrigen drei Rollen ebenso zubereiten. In
den Kühlschrank stellen. Kurz vor dem Servieren
herausholen und in vier Stücke schneiden.

Ganz ohne Zubereitung!
Dazu passt:

**Radieschen • Avocadoscheiben • Reiscracker •
Gurkenstangen • geräucherte Tofuwürfel • Olivenpaste •
Cocktailtomaten • Brot • veganes Pesto • Apfelscheiben •
Datteln • süße Chilisauce • veganer Joghurt gemischt
mit gehackten Kräutern • Olivenöl • verschiedene
vegane Brotsorten**

Tutti-Frutti
Für 6–8 Personen

KOKOSMAKRONEN
Vorbereitung: 5 Min. • **Backen:** 12 Min.

2 Eiweiße • 80 g Feinstzucker • 80 g Kokosraspel

1. Den Backofen auf 200 °C (Ober- und Unterhitze) vorheizen.
Ein Backblech mit Backpapier auslegen.
2. Das Eiweiß mit dem Zucker steif schlagen,
dann die Kokosraspel unterheben.
3. Aus der Masse 9 Häufchen bilden und diese aufs vorbereitete
Backblech setzen. 10–12 Minuten im vorgeheizten Ofen
goldbraun backen. Auf einem Kuchengitter abkühlen lassen.

SCHOKOLADEN-PASSIONSFRUCHT-SAUCE
Vorbereitung: 10 Min. • **Kochen:** 2 Min. • **Kühlen :** 10 Min.

100 g Milchschokolade • 80 g Passionsfruchtsaft von
4 Passionsfrüchten (Maracuja) • 100 g Sahne

1. Die Schokolade zerkleinern. Die Früchte halbieren und das Mark
in ein feines Sieb über einem Topf löffeln. Den Saft herausstreichen.
2. Die Sahne in den Saft rühren und alles zum Kochen bringen.
Vom Herd nehmen und die gehackte Schokolade zufügen. Die
Schokolade 10 Minuten schmelzen lassen, dann umrühren.
3. In eine Schüssel gießen und auf Raumtemperatur
abkühlen lassen.

FRÜHLINGSROLLEN MIT FRÜCHTCHEN
Vorbereitung: 20 Min.

8 Himbeeren • 4 Erdbeeren • 16 Blätter Minze • 1 Apfel •
2 Kiwis • 1 Banane • 8 kleine Reispapierblätter

1. Himbeeren, Erdbeeren und Minze waschen und trocken
tupfen. Die Himbeeren halbieren und die Erdbeeren in feine
Scheiben schneiden.
2. Apfel, Kiwis und Banane schälen. Den Apfel in Stifte, Banane und
Kiwis in feine Scheiben schneiden.
3. Ein sauberes Küchentuch auf die Arbeitsfläche legen und
Folgendes bereitstellen: geschnittene Früchte, Minzeblätter,
Reispapierblätter sowie eine Schüssel mit warmem Wasser.
4. Ein Reispapierblatt auf das Tuch legen und mit den Fingern
befeuchten, sodass es weich ist. Kiwischeiben, Apfelstifte, Bananen-
und Erdbeerscheiben an den Anfang des Blattes legen und mit
2 Himbeerhälften abschließen. Die beiden seitlichen Ränder
über die Früchte klappen, damit sie beim Aufrollen nicht
herausfallen. Nach der ersten Umdrehung 2 Minzeblätter
nebeneinander auf das Reispapier legen und dann weiterrollen. Die übrigen sieben Rollen ebenso zubereiten.

Die Rollen können pur gegessen oder in die Schokoladen-
Passionsfrucht-Sauce getunkt werden.

> *Ganz ohne Zubereitung!*
> *Dazu passt:*
>
> **eine Auswahl an ganzen oder geschnittenen Früchten**

Sandwich-Platte

Für 6 Personen

GEFÜLLTE EIER

Vorbereitung: 10 Min.

3 Eier • 6 Halme Schnittlauch • 6 TL Mayonnaise •
1 Prise Cayennepfeffer • 1 Prise Salz

1. Wasser in einem Topf zum Kochen bringen kochen und die Eier vorsichtig hineingeben. 9 Minuten garen, dann unter fließend kaltem Wasser abschrecken. Die Schale vorsichtig aufbrechen (jedoch nicht entfernen!) und die Eier in kaltem Wasser abkühlen lassen.
2. Den Schnittlauch waschen, trocknen und hacken.
3. Die Eier pellen und halbieren. Das Eigelb herausnehmen und mit Mayonnaise, Schnittlauch, Cayennepfeffer und Salz zerdrücken.
4. Die Eiweißhälften mit der Creme füllen und bis zum Servieren im Kühlschrank aufbewahren.

HIGH-TEA-SANDWICHES

Vorbereitung: 10 Min.

6 Scheiben Vollkorntoast, Rinde entfernt •
100 g Frischkäse • frisch gemahlener schwarzer Pfeffer •
3 große, dünne Scheiben Kochschinken •
18 sehr feine Gurkenscheiben

1. Die Brotscheiben mit dem Frischkäse bestreichen und pfeffern.
2. Auf 3 Brotscheiben jeweils 6 Gurkenscheiben legen und dann je 1 Schinkenscheibe darauflegen.
3. Mit der bestrichenen Seite der übrigen Brotscheiben abdecken.
4. In den Kühlschrank stellen. Vor dem Servieren jedes Sandwich in vier Dreiecke schneiden.

GEFÜLLTE TOMATEN

Vorbereitung: 10 Min.

6 kleine Strauchtomaten • 6 Blätter Minze • 4 Stängel Petersilie •
80 g Thunfisch aus der Dose im eigenen Saft • 150 g Frischkäse •
1 Prise Salz • 1 Prise gemahlener schwarzer Pfeffer • 1 Esslöffel Olivenöl

1. Tomaten, Minze und Petersilie waschen und trocknen. Von den Tomaten 1 cm unter dem Stielansatz Kappen abschneiden und die Kerne mit Fruchtfleisch herauslöffeln. Dabei die Haut nicht beschädigen.
2. Minze und Petersilie hacken. Den Thunfisch abtropfen und zerkleinern. Mit Frischkäse, gehackten Kräutern, Salz, Pfeffer und Olivenöl vermengen.
3. Die Tomaten mit der Thunfischpaste füllen und bis zum Servieren in den Kühlschrank stellen.

> ## Ganz ohne Zubereitung!
> ## Dazu passt:
>
> **Brezeln • heiße Cocktailwürste • Cocktailtomaten • Johannisbeergelee • Gurken • Oliven • Cocktailgarnelen • Lachskaviar • Gurkenscheiben • Cornichon • Silberzwiebeln • Mayonnaise • Senf • Wurst • Käse-Trauben-Spieße • Erdnüsse • Baguettebrot • Toastbrot • Leberwurst • Pasteten**

Italienische Platte

Für 6–8 Personen

MINI-PIZZAS MIT OLIVEN

Vorbereitung: 10 Min. • **Backen:** 15 Min.

2 Tomaten • 200 g Mozzarella • 6 entkernte schwarze Oliven •
1 Fertig-Pizzateig • Oregano • Olivenöl • Salz • Basilikumblätter

1. Den Backofen auf 220 °C (Umluft) vorheizen.
Ein Backblech mit Backpapier auslegen.
2. Die Tomaten waschen und trocknen, in ½ cm dicke Scheiben
schneiden. Den Mozzarella in 6 Scheiben und die Oliven in
2–3 Scheiben schneiden.
3. Den Teig ausrollen und 6 Kreise mit einem Durchmesser von
10 cm ausstechen und auf das vorbereitete Backblech legen.
4. Jeden Teigkreis mit je 1–2 Tomatenscheiben, 1 Mozzarella- und
1 Olivenscheibe belegen. Mit Oregano bestreuen, mit Olivenöl
beträufeln, ein wenig salzen und 15 Minuten im vorbeheizten Ofen
backen. Heiß mit frischen Basilikumblättern garniert servieren.

Ganz ohne Zubereitung!
Dazu passt:

Parmaschinken • Mortadella • Salami • Oliven •
Burrata • Olivenöl • Honigmelone • Selleriestangen •
Tomaten verschiedener Farben • Grissini • Mascarpone
• Parmesan • Knoblauchzehen • in Essig marinierte
Artischocken • Cräcker • verschiedene Brotsorten • Pesto

FLORENTINER STEAK MIT PESTO

Vorbereitung: 10 Min. • **Braten:** 10 Min.

1 Bund Basilikum • 1 Knoblauchzehe • 40 g Parmesan, gerieben •
50 g Pinienkerne • 50 ml Olivenöl • 1 schönes Rib-Eye-Steak
(oder Entrecôte 350 g) • Salz • 10 g Butter • frisch gemahlener Pfeffer

1. Das Basilikum waschen und trocknen. Den Knoblauch abziehen.
2. Basilikum und Knoblauch mit Parmesan und Pinienkernen in
einen Mixer geben und pürieren. Die Hälfte des Olivenöls zugeben,
noch einmal mixen, dann das übrige Olivenöl untermixen. Mit
Salz und Pfeffer abschmecken und in den Kühlschrank stellen.
3. Eine Pfanne auf mittlerer Stufe erhitzen. Das Fleisch von
jeder Seite salzen. Sobald die Pfanne heiß ist, die Butter darin
zerlassen. Das Steak von einer Seite 3 Minuten braten, dann
wenden und von der anderen Seite 3 Minuten braten.
4. Herausheben, in Streifen schneiden und mit dem Pesto
bestrichen servieren.

TOMATEN & AUBERGINEN AUS DEM OFEN

Vorbereitung: 10 Min. • **Backen:** 20 Min.

1 Aubergine • 20 Cocktailtomaten • 2 EL Olivenöl •
2 EL Balsamico-Essig • 1 Prise Zucker • 1 Prise Salz

1. Den Backofen auf 220 °C (Umluft) vorheizen und ein
Backblech mit Backpapier auslegen. Aubergine und
Tomaten waschen und trocknen. Die Aubergine
in ½ cm dicke Scheiben schneiden.
2. Die Auberginenscheiben auf dem vorbereiteten
Backblech verteilen. Die Tomaten dazugeben und alles
mit Olivenöl und Balsamico-Essig beträufeln. Mit
Zucker und Salz bestreuen. 20 Minuten backen. Vor
dem Servieren auf dem Blech abkühlen lassen.

Griechische Platte

Für 6 Personen

GEGRILLTER FETA

Vorbereitung: 5 Min. • **Grillen:** 10 Min.

**200 g Feta • 12 Cocktailtomaten • 6 Oliven • 1 TL Oregano •
1 Prise Chilipulver • 2 EL Olivenöl • 1 Prise Salz**

1. Den Backofengrill auf 240 °C vorheizen.
2. Käse, Tomaten und Oliven in eine kleine Auflaufform geben.
3. Mit Oregano, Chili und Salz bestreuen, mit Olivenöl beträufeln und 10 Minuten grillen. Der Feta sollte oben goldgelb sein. Sofort servieren.

TSATSIKI

Vorbereitung: 10 Min.

**1 kleine Gurke • 4 Stängel Minze • 2 Stängel Dill • 1 Knoblauchzehe •
350 g griechischer Joghurt, 10 % Fett • 2 EL Olivenöl • 1 Prise Salz •
1 Prise frisch gemahlener Pfeffer**

1. Gurke und Minze waschen und trocknen. Die Minzeblätter von den Stängeln zupfen.
2. Dill und Minzeblätter hacken. Den Knoblauch abziehen und fein hacken.
3. Die Gurke putzen und in sehr kleine Würfel schneiden.
4. Den Joghurt mit gehackten Kräutern, Gurkenwürfeln, gehacktem Knoblauch, Olivenöl, Salz und Pfeffer vermischen. Bis zum Servieren in den Kühlschrank stellen.

PAPRIKASALAT

Vorbereitung: 10 Min. • **Kühlen:** 2 Std.

**½ grüne Paprika • ½ rote Paprika • ½ gelbe Paprika •
3 Strauchtomaten • 2 Stängel Petersilie • 1 EL Rosinen •
1 EL Kapern • 2 EL Olivenöl • 1 EL Weinessig • 1 Prise Salz •
1 Prise frisch gemahlener Pfeffer • 1 TL Oregano**

1. Paprika, Tomaten und Petersilie waschen und trocknen.
2. Die Petersilie grob hacken. Die Tomaten vierteln, die Paprika entkernen und in Streifen schneiden.
3. Tomaten, Paprika, Petersilie, Rosinen, Kapern, Olivenöl, Essig, Salz, Pfeffer und Oregano in einer großen Schüssel vermengen.
4. Vor dem Servieren mindestens 2 Stunden im Kühlschrank marinieren. Am besten bereitet man diesen Salat am Vortag zu, damit die Paprika weicher werden und sich die Aromen verbinden.

Ganz ohne Zubereitung!
Dazu passt:

**Paprika- und Gurkensticks • Cräcker • frisches Pita-Brot •
Minzeblätter • Oliven • Fetawürfel in Olivenöl eingelegt • hart
gekochte Eier • Radieschen • Oliven • Spinatblätter • Thunfisch
aus der Dose in Olivenöl • griechischer Joghurt • Honig •
verschiedene Käse- und Wurstsorten • gefüllte Weinblätter**

Spanische Platte
Für 8 Personen

TINTENFISCH-PINCHOS
Vorbereitung: 10 Min. • **Kochen:** 7 Min.

**1 Schalotte • 500 g gekochter Tintenfisch oder Oktopus •
1 EL Olivenöl • 1 Prise Salz • 1 Prise frisch gemahlener Pfeffer •
1 EL Paprikapulver • 1 Prise Chilipulver • 2 Stängel Petersilie •
250 g gekochte Kartoffeln, geschält**

1. Die Schalotte abziehen und hacken. Den Tintenfisch
in 2–3 cm große Stücke schneiden.
2. Das Öl in einer Pfanne erhitzen, Schalotte und Tintenfisch darin
5 Minuten braten, dann Salz, Pfeffer, Paprika- und Chilipulver
hinzufügen. Weitere 2 Minuten garen, dann beiseitestellen.
3. Die Petersilie waschen, trocknen und die Blätter von den
Stängeln zupfen. Die Kartoffeln in 1 cm dicke Scheiben schneiden.
4. Auf jede Kartoffelscheibe 2 Stücke Tintenfisch und ein
Petersilienblatt legen und mit einem Zahnstocher feststecken.

BROT MIT TOMATE
Vorbereitung: 5 Min.

**8 Scheiben Baguette • 1 Knoblauchzehe • 1 Tomate •
1 Spritzer Olivenöl • 8 kleine Scheiben Serrano-Schinken**

1. Die Brotscheiben unter dem Backofengrill rösten.
2. Den Knoblauch abziehen, die Tomate halbieren.
3. Die Brotscheiben zuerst mit der Knoblauchzehe, dann mit der
Schnittseite der Tomate einreiben. Mit etwas Olivenöl beträufeln.
4. Eine Scheibe Serrano-Schinken darauflegen.

KARTOFFEL-TORTILLA
Vorbereitung: 10 Min. • **Braten:** 30 Min.

**1 Zwiebel • 500 g Kartoffeln • 250 ml Pflanzenöl •
4 Eier • 1 Prise Salz • 1 Prise Pfeffer**

1. Die Zwiebel abziehen und in Ringe schneiden. Die
Kartoffeln schälen und in dünne Scheiben schneiden.
2. Kartoffeln und Zwiebeln in eine hohe Pfanne geben,
mit dem Öl bedecken und bei mittlerer Hitze 20 Minuten
garen. Abtropfen lassen und in die Pfanne zurückgeben.
3. Die Eier mit Salz und Pfeffer verquirlen, über die
Kartoffeln gießen und 10 Minuten braten.
4. Wenn die Eier gestockt sind, die Tortilla auf einen
Teller gleiten lassen und gewendet in die Pfanne
zurückgeben. Weitere 3 Minuten braten.

Ganz ohne Zubereitung!
Dazu passt:

**Marinierte Knoblauchgarnelen • in Essig eingelegte
Sardellen • eingelegte Muscheln • in Essig eingelegte
Knoblauchzehen • mit Frischkäse gefüllte kleine Paprika •
Ziegenfrischkäse • gegrillte Paprika • Chorizoscheiben •
beliebig gefüllte Oliven • Orangenscheiben •
Mandeln • Cocktailtomaten • verschiedene Brotsorten •
Käsespezialitäten • spanische Wurstsorten •
Mayonnaise • Butter**

Mexikanische Platte

Für 6 Personen

GUACAMOLE

Vorbereitung: 10 Min.

3 große reife Avocados • 2 Frühlingszwiebeln • 1 grüne Chilischote •
Saft von 2 Limetten • 2 Prisen Salz • 1 Prise Cayennepfeffer

1. Die Avocados halbieren, entkernen und das
Fruchtfleisch aus der Schale heben. Frühlingszwiebeln
und Chilischote waschen, trocknen und hacken.
2. Das Avocadofleisch mit Limettensaft, Salz, Cayennepfeffer
und Frühlingszwiebeln zerdrücken.
3. Bis zum Servieren in den Kühlschrank stellen.

SAUCE PICO DE GALLO

Vorbereitung: 10 Min.

3 Strauchtomaten • ½ Bund Koriander • 1 grüne Chilischote •
1 rote Zwiebel • Saft von 2 Limetten • 2 Prisen Salz

1. Tomaten, Koriander und Chilischote waschen und trocknen.
Die Zwiebel abziehen.
2. Tomaten, Zwiebel, Chilischote und Koriander fein
hacken. Mit Limettensaft und Salz abschmecken.
3. Bis zum Servieren in den Kühlschrank stellen.
Tortillachips zum Dippen reichen.

MARGARITA-MOCKTAIL

Für 6 Gläser • Vorbereitung: 10 Min.

100 ml Limettensaft • ⅓ Liter Orangensaft • 40 ml Grenadinesirup •
Salz • 7 Limettenspalten • Eiswürfel oder Crushed Ice

1. Den Limettensaft mit Orangensaft und Grenadine mischen.
Salz auf einen kleinen Teller streuen.
2. 6 Cocktailgläser bereitstellen und die Glasränder mit
1 Limettenspalte leicht einreiben, damit das Salz für einen
Salzrand daran haften bleibt. Die Ränder ins Salz drücken.
3. Die Gläser mit der Orangensaftmischung befüllen. Mit einer
Limettenspalte dekorieren. Mit Eiswürfeln oder Crushed Ice
servieren.

Ganz ohne Zubereitung!
Dazu passt:

**große Tortillas für Tacos • Feta • Frühlingszwiebeln in
Ringen • Maiskörner • gebratenes Hähnchenbrutfilet •
grüne Salatblätter • frischer Koriander • Limettenspalten •
einfache Tortillachips • mit Käse und Chilistücken überbackene
Tortillachips • Ananas- und Wassermelonenspalten**

Thai-Platte

Für 6 Personen

WÜRZIGES POPCORN

Vorbereitung: 10 Min. • **Kochen:** 10 Min.

100 g Popcorn • 40 g Kokosraspel • 50 g brauner Zucker •
25 g Pflanzenöl • 40 g flüssiger Honig • 2 EL Limettensaft •
1 EL Fischsauce Nuoc-mâm • 1 TL rote Chilipaste • abgeriebene
Schale von 1 Limette • ¼ TL Backpulver

1. Das Popcorn mit den Kokosraspeln vermengen.
2. Zucker, Öl, Honig, Limettensaft, Fischsauce und Chilipaste
in einem Topf verrühren. Auf mittlerer Stufe 5–10 Minuten
erhitzen, bis die Mischung leicht gebräunt ist.
3. Limettenschale und Backpulver mit einem Holzlöffel
zügig einarbeiten. Sobald die Sauce eingedickt ist,
über die Popcornmischung gießen. Gut umrühren
und bis zum Servieren abkühlen lassen.

CASHEW-DIP

Vorbereitung: 5 Min.

10 g frische Ingwerwurzel • 5 g frisches Zitronengras •
200 g Cashewnusskern • Saft von 1 Zitrone • 100 ml Wasser •
1 Prise Salz • 1 TL Sesamsaat

1. Den Ingwer schälen und grob hacken. Das Zitronengras putzen
und ebenfalls hacken.
2. Alle Zutaten in einen Standmixer geben und pürieren, bis
eine glatte Paste entsteht.
3. Als Rohkost-Dip oder als Würze für Chinakohl-Röllchen servieren.

GARNELEN IN CHILI & BASILIKUM

Vorbereitung: 10 Min. • **Kochen:** 7 Min.

2 EL Sesamöl • 1 Zwiebel,
abgezogen und gehackt •
1 rote Paprika, in Streifen geschnitten •
1 TL Chilipaste oder Chilipulver •
1 Knoblauchzehe, abgezogen und gehackt •
12 rohe Garnelen, TK-Ware aufgetaut • 1 EL brauner Zucker •
2 EL Sojasauce • 2 Zweige Thai-Basilikum, gehackt •
Limettenspalten, zum Beträufeln

1. Das Sesamöl in einer tiefen Pfanne oder im Wok
bei hoher Temperatur 30 Sekunden erhitzen.
2. Zwiebel und Paprikastreifen zugeben. 2 Minuten unter
Rühren braten. Chili, Knoblauch und Garnelen zufügen
und 3 Minuten unter ständigem Rühren braten.
3. Den braunen Zucker einrühren, 1 Minute kochen lassen
und dann die Sojasauce zugeben. Umrühren und den
Herd ausschalten.
4. Die Thai-Basilikumblätter unterheben. Zum Servieren
die Garnelen schälen und mit Limettensaft beträufeln.

Ganz ohne Zubereitung!
Dazu passt:

ganze Chinakohlblätter • Gurken- und Karottenstifte •
Limettenspalten • Erdnüsse • Frühlingsrollensoße • kleine
rote Chilischoten • Chilipaste • frische Kokosstücke • Minze •
Koriander • Thai-Basilikum • Mangowürfel •
weißer gekochter Reis

Japanische Platte
Für 4 Personen

THUNFISCH-TATAKI
Vorbereitung: 10 Min. • **Marinieren:** 1 Std. • **Braten:** 5 Min.

20 g frisch Ingwerwurzel, gerieben • 50 ml Sojasauce • 2 EL Sesamöl • 400 g Thunfischfilet

1. Den Ingwer mit Sojasauce und Sesamöl mischen.
2. Den Thunfisch auf ein Stück Frischhaltefolie legen, die Ingwermischung über den Fisch gießen und diesen in die Folie einwickeln. 1 Stunde im Kühlschrank marinieren. Den Thunfisch herausnehmen, dabei die Sauce auffangen.
3. Eine Pfanne auf hoher Stufe erhitzen, den Thunfisch darin von jeder Seite 1 Minute braten (alle Seiten müssen gegart werden), dabei gleichmäßig mit der Sauce bestreichen.
4. Vollständig auskühlen lassen. In feine Scheiben schneiden und servieren.

GEROLLTES OMELETT
Vorbereitung: 15 Min. • **Braten:** 15 Min.

1 Frühlingszwiebel • 1 TL Sesamöl • 2 Eier • 1 Prise Salz • 1 Prise Pfeffer

1. Die Frühlingszwiebel waschen, trocknen und in feine Ringe schneiden.
2. Das Öl in einer Pfanne auf mittlerer Stufe erhitzen und die Frühlingszwiebel 1 Minute darin dünsten.
3. Die Eier mit Salz und Pfeffer verquirlen, dann die Frühlingszwiebel einrühren.
4. Bei schwacher Hitze die Hälfte der Eiermasse in die Pfanne füllen, sodass der Boden mit einer dünnen Schicht bedeckt ist. Wenn das Ei gestockt ist, das Omelett bis zum Rand der Pfanne rollen.
5. Ein Drittel der Eiermasse auf die freie Fläche der Pfanne gießen und stocken lassen. Die vorhandene Rolle auf die andere Seite der Pfanne rollen, das restliche Ei in die Pfanne gießen und den Vorgang wiederholen.
6. Die Omeletts vor dem Servieren in 2 cm breite Rollen schneiden.

AVOCADO-REISBÄLLCHEN IN MISO
Vorbereitung: 15 Min. • **Garen:** 15 Min. • **Pause:** 30 Min.

200 g Sushi-Reis • 2 EL Reisessig • 1 kleine Avocado • 1 EL Miso • 100 g Sesamsaat

1. Den Reis gut abspülen. Dann in eine große Schüssel mit Wasser geben. Zum Waschen mit der Hand kreisen. Abgießen und den Vorgang so oft wiederholen, bis das Wasser klar ist.
2. Den Reis abtropfen und in einen Topf mit dem 1,5-fachen Volumen Wasser geben. Das Wasser zum Kochen bringen, dann die Hitze reduzieren und bei kleinster Hitze 15 Minuten garen, bis der Reis die gesamte Flüssigkeit aufgesogen hat. Langsam den Essig unter vorsichtigem Rühren einarbeiten. Den Reis abkühlen lassen.
3. Die Avocado halbieren, entkernen und das Fruchtfleisch aus der Schale heben. Das Fruchtfleisch in 1 cm große Würfel schneiden.
4. Auf der Arbeitsfläche bereitstellen: Avocadowürfel, Misopaste mit kleinem Löffel, Sesamsaat in einer Schale, eine große Schüssel mit kaltem Wasser, Sushi-Reis und ein Tablett.
5. Eine Hand anfeuchten und 1 Esslöffel Reis auf der Handfläche verteilen, ein Stück Avocado und ein wenig Miso dazugeben. Mit dem Reis umschließen und zu einem Bällchen formen. Anschließend in der Sesamsaat wenden. Auf das Tablett legen, die Hand abspülen und wiederholen, bis alle Zutaten aufgebraucht sind.

Ganz ohne Zubereitung!
Dazu passt:

Wasabi-Erbsen – japanische Crackermischung • Lachs-Sashimi • gegarte Garnelen • schwarze Rettichscheiben • Wasabi • Sushi-Ingwer • gekochte Edamame • Wakame-Algensalat

Hygge-Platte

Für 6 Personen

ROTER ZWIEBELSALAT

Vorbereitung: 5 Min. • **Kochen:** 10 Min. • **Marinieren:** 1–4 Tage

2 rote Zwiebeln • 150 ml Wasser • 70 ml Apfelessig •
1 EL grobes Salz • 3 EL brauner Zucker • 2 Lorbeerblätter •
1 EL Pfefferkörner • 2 Stängel Dill

1. Die Zwiebeln abziehen, halbieren und in 3 mm breite Streifen
schneiden. Wasser, Essig, Salz, Zucker und Lorbeerblätter
in einen Topf geben und zum Kochen bringen.
2. Die Zwiebelstreifen zugeben, weitere 5 Minuten bei
schwacher Hitze köcheln lassen und dann in ein Glas füllen.
3. Pfefferkörner und Dillzweige obenauf legen, den Deckel
schließen und die Zwiebelmischung auf Raumtemperatur
abkühlen lassen. Im Kühlschrank aufbewahren.

Die marinierten Zwiebeln schmecken vier Tage
nach der Zubereitung am besten.

ROTE-BETE-AUFSTRICH MIT MEERRETTICH

Vorbereitung: 5 Min.

200 g gekochte Rote Bete • 2 EL Meerrettich • 1 EL Mandelbutter •
Saft von 1 Zitrone • 2 EL Wasser • 1 EL Sesamsaat • 1 Prise Salz

1. Die Rote Bete würfeln.
2. Rote-Bete-Würfel, Meerrettich, Mandelbutter, Zitronensaft,
Salz und Wasser in einen Standmixer geben und glatt pürieren.
3. In den Kühlschrank stellen und zum Servieren mit
Sesam bestreuen.

GRAVED LACHS IM BLITZTEMPO

Vorbereitung: 15 Min. • **Kühlen :** 1 Std.

400 g frisches Lachssteak (ohne Haut) • 10 g Dillzweige •
10 g Salz • 40 g Zucker • 2 TL rosa Pfefferkörner •
1 TL gemahlener Koriander • 1 Prise schwarzer Pfeffer

1. Den Lachs waschen und trocken tupfen. In ½ cm dicke
Scheiben schneiden. Den Dill waschen, trocknen und hacken.
2. Den Lachs mit Salz, Zucker, Dill, Pfefferkörnern, Koriander
und Pfeffer vorsichtig in einer Schüssel vermischen.
3. Vor dem Servieren mindestens 1 Stunde in den
Kühlschrank stellen.

Ganz ohne Zubereitung! Dazu passt:

geräucherter Fisch • Blauschimmelkäse • Ziegenfrischkäse und Preiselbeermarmelade •
Gouda mit Bockshornklee • Schwarzbrot • Mohnbrötchen • Radieschen • Wachteleier • Gurke •
Rettich • Gewürzgurken • Bündnerfleisch • Zitronenspalten

Amerikanische Platte

Für 6 Personen

MINI-BURGER

Vorbereitung: 15 Min. • **Backen:** 15 Min.

4 Scheiben Frühstücksspeck • 1 TL flüssiger Honig •
200 g Rinderhackfleisch • Salz und Pfeffer • 2 große
Gewürzgurken • 2 Scheiben Schmelzkäse •
10 Mini-Burgerbrötchen • 10 Spinatblätter • 2 EL Ketchup

1. Den Backofen auf 240 °C (Ober- und Unterhitze) vorheizen.
Ein Backblech mit Backpapier auslegen.
2. Die Speckscheiben auf dem vorbereiteten Backblech
verteilen und mit Honig einpinseln. 5 Minuten im
vorgeheizten Ofen rösten. Herausnehmen und in 10 Stücke
schneiden. Die Backofentemperatur auf 180 °C stellen.
3. Das Hackfleisch mit Salz und Pfeffer vermengen und aus der
Hackfleischmasse 10 Mini-Frikadellen formen. Von jeder Seite
1 Minute braten. Beiseitelegen.
4. Gurken und Schmelzkäse in 10 Scheiben schneiden.
Die Burgerbrötchen in zwei Hälften schneiden.
5. Die untere Brötchenhälfte mit Spinat, Ketchup, Frikadelle, Käse,
Speck und Gurke belegen. Die obere Hälfte daraufgeben. Auf
dieselbe Weise die anderen Burger zusammenstellen.
6. Die Burger 3–4 Minuten im Ofen erhitzen und heiß servieren.

TEX-MEX-HÄHNCHENSCHENKEL

Vorbereitung: 10 Min. • **Backen:** 25 Min. • **Marinieren:** 2 Std.

1 Knoblauchzehe • 2 TL Paprikapulver • 2 TL Chilipaste •
2 TL Oregano • Saft von 1 Limette • 1 Prise Salz •
8 Hähnchenunterkeulen

1. Den Knoblauch abziehen und zerdrücken. Dann mit
Paprikapulver, Chilipaste, Oregano, Limettensaft und Salz in einer
Schüssel vermischen. Die Hähnchenkeulen mit dieser Mischung
bestreichen und 2 Stunden im Kühlschrank marinieren.
2. Den Backofen auf 180 °C (Ober- und Unterhitze) vorheizen und
die Hähnchenschenkel 25 Minuten darin rösten. Heiß servieren.

MOZZA-STICKS & ZWIEBELRINGE

Vorbereitung: 20 Min. • **Frittieren:** 5 Min.

200 g Mozzarella • 1 große Zwiebel • 12 Scheiben Frühstücksspeck •
2 Eier • 1 Prise Salz • 1 Prise frisch gemahlener schwarzer Pfeffer •
1 Prise Chilipulver • 100 g Mehl • 200 g Semmelbrösel • Pflanzenöl,
zum Frittieren • Koriander, gehackt

1. Den Mozzarella in 12 Streifen schneiden. Die Zwiebel abziehen
und in 1 cm dicke Spalten schneiden. Die 12 größten beiseitelegen.
Jede Zwiebelspalte mit einer Scheibe Frühstücksspeck umwickeln.
2. Die Eier mit Salz, Pfeffer und Chilipulver verquirlen. Mehl
und Semmelbrösel separat auf zwei tiefe Teller geben.
3. Jeden Mozzarella-Streifen zuerst im Mehl wenden, dann
durchs Ei ziehen und schließlich in den Semmelbröseln wälzen.
Anschließend die Speck-Zwiebel-Ringe auf dieselbe Weise panieren.
4. Das Öl in einem großen Topf erhitzen. Die panierten
Mozzarella-Sticks und Zwiebelringe portionsweise
vorsichtig ins Öl gleiten lassen und
goldbraun frittieren.
5. Auf Küchenpapier abtropfen lassen.
Mit Koriander garniert heiß servieren.

Ganz ohne Zubereitung!
Dazu passt:

**Pommes frites • Kartoffeln • Chips •
Mini-Würstchen • Paprikastreifen •
Avocadoscheiben • Limettenspalten •
Cocktailtomaten • Käsewürfel •
Pizzastücke • Mayonnaise • Ketchup •
Barbecue-Sauce**

Karibik-Platte

Für 6 Personen

KABELJAU-BÄLLCHEN

Vorbereitung: 10 Min. • **Kochen:** 15 Min.

200 g Stockfisch, entsalzt und klein geschnitten • 1 Schalotte, abgezogen und gehackt • 1 Knoblauchzehe, abgezogen und gehackt • 1 Frühlingszwiebel, gehackt • 2 Prisen Cayennepfeffer • 100 g Mehl • 1 Ei • 2 Prisen Chilipulver • 100 ml Wasser • Saft und abgeriebene Schale von ½ Limette • 2 Prisen Salz und Pfeffer • Pflanzenöl, zum Frittieren

1. Das Öl in einer Fritteuse erhitzen.
2. Alle Zutaten (ohne Frittieröl) zu einer weichen Paste mixen. Etwas Paste ins Frittieröl geben, um die Temperatur zu prüfen – wenn die Paste sofort mit Bläschen aufsteigt, hat das Öl die richtige Temperatur.
3. Für jedes Bällchen 1 Esslöffel Teig ins heiße Öl geben und 3–4 Minuten goldbraun frittieren.
4. Abtropfen lassen und auf Küchenpapier legen. Sofort servieren.

HÄHNCHEN-INGWER-DIP

Vorbereitung: 10 Min.

1 gebratene Hähnchenkeule • 150 g Kräuterfrischkäse mit Knoblauch • 1 Schalotte, abgezogen und gehackt • 1 Knoblauchzehe, abgezogen und gehackt • 10 g frische Ingwerwurzel, gehackt • Saft und abgeriebene Schale von 1 Limette • 1 Prise frisch gemahlener schwarzer Pfeffer

1. Die Hähnchenkeule von der Haut befreien und entbeinen. Das Fleisch sehr klein schneiden.
2. Das Hühnerfleisch mit Frischkäse, Schalotte, Knoblauch, Ingwer, Limettensaft und -schale sowie Pfeffer in einer Schüssel verrühren. Bis zum Servieren in den Kühlschrank stellen.

SAUCE CHIEN

Vorbereitung: 10 Min.

2 Frühlingszwiebeln, gehackt • 2 Stängel Petersilie, gehackt • 1 Knoblauchzehe, abgezogen und gehackt • 1 kleine rote Chilischote, gehackt • 1 kleine Tomate, gehackt • Saft und abgeriebene Schale von ½ Limette • 1 EL Olivenöl • je 2 Prisen Salz und frisch gemahlener Pfeffer • 100 ml kochendes Wasser

Alle Zutaten vermischen und das kochende Wasser zugeben. Im Kühlschrank aufbewahren.

Ganz ohne Zubereitung! Dazu passt:

Krebsscheren • gekochte Garnelen • Mayonnaise • Avocadoscheiben • geröstete Mini-Bratwürste • mit Frischkäse gefüllte Chilis • eingelegte Maiskölbchen • Ananas • Mango • Trauben • Cräcker • verschiedene Brotsorten • Kokos- und Bananenchips • halbierte Passionsfrüchte • Nussplätzchen

Orient-Platte

Für 6–8 Personen

HACKFLEISCHTASCHEN MIT KORIANDER

Vorbereitung: 10 Min. • **Kochen:** 4 Min.

1 Frühlingszwiebel • 8 Blätter Minze • 2 Stängel Koriander •
350 g Rinderhackfleisch • 1 TL Ras-el-Hanout • 4 Blätter Brick-, Filo-
oder Blätterteig • 1 Prise Salz • 1 Prise frisch gemahlener Pfeffer •
Pflanzenöl • Korianderblätter • Zitronenspalten

1. Frühlingszwiebel, Minze und Koriander waschen,
trocknen und hacken. Das Rindfleisch mit Frühlingszwiebel,
Kräutern, Ras-el-Hanout, Salz und Pfeffer vermengen.
Aus der Masse acht gleich große Quadrate formen.
2. Jedes Teigblatt halbieren, darauf ein Hackfleischquadrat
legen. Dann zu einem Dreieck falten.
3. Das Öl in einer Pfanne auf hoher Stufe erhitzen und
die Teigtaschen von jeder Seite 2 Minuten braten,
anschließend auf Küchenpapier abtropfen lassen. Mit
frischem Koriander und Zitronenspalten servieren.

SCHAKSCHUKA

Vorbereitung: 10 Min. • **Kochen:** 40 Min.

½ rote Paprika • ½ gelbe Paprika • 1 Zwiebel • 1 Knoblauchzehe •
2 EL Olivenöl • 400 g gehackte Tomaten aus der Dose • 1 EL Tomatenmark • 1 TL gemahlener Kreuzkümmel • 4 Eier • 1 Prise Salz

1. Die Paprika entkernen, waschen, trocknen und in Streifen
schneiden. Zwiebel und Knoblauch abziehen und in Ringe
bzw. Scheiben schneiden.
2. Das Öl in einer Pfanne auf kleiner Stufe erhitzen und die Zwiebel
2 Minuten darin braten. Paprika und Knoblauch zugeben. Unter
Rühren weitere 5 Minuten braten, dann gehackte Tomaten,
Tomatenmark, Salz und Kreuzkümmel einrühren. Bei schwacher
Hitze 25 Minuten unter gelegentlichem Rühren schmoren.
3. Vier Mulden in die Tomatenmischung drücken und je ein aufge-
schlagenes Eier hineingleiten lassen. 5 Minuten weitergaren.
Heiß oder warm servieren.

KAROTTEN-HUMMUS MIT KREUZKÜMMEL

Vorbereitung: 5 Min. • **Kochen:** 22 Min.

250 g Karotten • 1 Zwiebel • 2 EL Olivenöl • 1 TL gemahlener
Kreuzkümmel • 4 Stängel Koriander • 150 g weiße Bohnen,
abgetropft • 2 EL Tahini (Sesampaste) • 1 Prise Salz •
Saft von 1 Zitrone • 2 EL Granatapfelkerne

1. Die Karotten schälen, waschen und in 1 cm dicke Scheiben
schneiden. Die Zwiebel abziehen und in Ringe schneiden.
2. Das Olivenöl in einer Pfanne auf mittlerer Stufe erhitzen. Zwiebel
und Kreuzkümmel darin 2 Minuten dünsten. Die Karotten
zugeben und 5 Minuten garen. Dann die Mischung mit
Wasser bedecken. Den Deckel auflegen und 15 Minuten
köcheln lassen, bis das Wasser verdunstet ist.
3. Den Koriander waschen und trocknen.
4. Die Karottenmischung mit weißen Bohnen, Tahini, Koriander, Salz und Zitronensaft in einen Standmixer geben und
pürieren. Ggf. etwas Wasser zugießen, um die gewünschte
Konsistenz zu erhalten. Bis zum Servieren in den Kühlschrank
stellen und mit Granatapfelkernen servieren.

Ganz ohne Zubereitung!
Dazu passt:

Minzeblätter • frischer Koriander • eingelegte Zitrone •
eingelegte Tomaten • Oliven • Merguez-Zwiebel-Spieße •
Harissa • Ziegenfrischkäse mit Olivenöl beträufelt •
orientalisches Grießbrot oder anderes Brot nach Belieben •
orientalisches Süßgebäck • Datteln

Ganz ohne Zubereitung!
Dazu passt:

**Naan-Brot • Karottenstifte •
gekochte grüne Bohnen oder
Zuckerschoten • Hüttenkäse • Kurkuma-
Brot • Kichererbsen • Mangoscheiben •
Mango-Chutney • eingelegtes Gemüse •
indische Knabbereien • Currypaste**

Indische Platte

Für 6 Personen

NAAN MIT KÄSE

Vorbereitung: 20 Min. • **Ruhen:** 1 Std. • **Backen:** 30 Min.

250 g Weizenmehl (Type 550) • 1 TL Salz • 1 TL Zucker • 1 Prise
Backpulver • 2 EL Pflanzenöl • 90 ml Wasser • 60 g Naturjoghurt •
4 g frische Hefe • 6 Ecken Streichkäse • 3 TL Butter

1. Mehl, Salz, Zucker und Backpulver vermengen. Öl, die Hälfte
des Wassers, Joghurt und zerbröckelte Frischhefe zufügen. Von
Hand (15–20 Minuten) oder in der Küchenmaschine (10 Minuten)
kneten und das übrige Wasser hinzufügen. Die Schüssel mit einem
Tuch abdecken und den Teig an einem warmen Ort 1 Stunde
gehen lassen. Das Teigvolumen sollte sich verdoppelt haben.
2. Aus dem Teig 6 Kugeln formen und diese zu Kreisen von
2–3 mm Dicke ausrollen. Auf 3 Teigkreise jeweils 2 Ecken Streichkäse
legen und mit einem weiteren Teigkreis bedecken. Die Kanten fest
zusammendrücken, damit der Käse nicht herauslaufen kann.
3. 1 TL Butter in einer schweren Pfanne erhitzen und
einen gefüllten Brotteig 5 Minuten darin backen. Wenden
und von der anderen Seite 5 Minuten backen.
4. Die beiden anderen Brote auf dieselbe Weise zubereiten. Die
Brote bis zum Servieren im Backofen bei 80 °C warm halten.

KOKOSHÄHNCHEN

Vorbereitung: 10 Min. • **Kochen:** 5 Min.

2 Eier • 1 Prise Salz • 1 Prise frisch gemahlener schwarzer Pfeffer •
1 TL Currypulver • 1 Prise Chilipulver • 100 g Mehl • 200 g Kokosraspel • 350 g Hähnchenbrustfilets • Pflanzenöl, zum Frittieren

1. Die Eier mit Salz, Pfeffer, Curry- und Chilipulver verquirlen.
Mehl und Kokosraspel separat in zwei tiefe Teller geben.
2. Das Fleisch zuerst im Mehl wenden, dann durch die
Eimischung ziehen und schließlich in den Kokosraspeln wälzen.
Die Filets bis zum Braten in den Kühlschrank stellen.
3. Eine Fritteuse erhitzen. Einen Brotwürfel ins Öl geben,
um die Temperatur zu prüfen – wenn er sofort mit Bläschen
aufsteigt, hat das Öl die richtige Temperatur.
4. Die panierten Filets portionsweise in die Fritteuse gleiten lassen
und goldbraun frittieren. Auf Küchenpapier abtropfen und
heiß servieren.

RAITA

Vorbereitung: 10 Min.

6 Blätter Minze • 1 Knoblauchzehe • 1 kleine Gurke, geschält •
250 g Joghurt oder Hüttenkäse • 1 Prise gemahlener Kreuzkümmel •
1 Prise Salz

1. Die Minze waschen, trocknen und hacken. Den Knoblauch
abziehen und fein hacken. Die Gurke in kleine Würfel schneiden.
2. Den Joghurt mit Gurke, Minze, Kreuzkümmel, Salz und
Knoblauch vermengen.
3. Bis zum Servieren in den Kühlschrank stellen.

Alles roh
Für 6–8 Personen

TATAR-BÄLLCHEN
Vorbereitung: 15 Min.

2 Stängel Petersilie • 1 Schalotte • 2 Cornichons •
1 EL Kapern • 400 g Tartar aus Rinderfilet • 1 TL Ketchup •
2 TL Worcestershire-Sauce • 1 Prise Salz • 1 Prise Pfeffer

1. Die Petersilie waschen, trocknen und fein hacken.
Die Schalotte abziehen und fein hacken. Die Cornichons
würfeln. Die Kapern abtropfen lassen und hacken.
2. Das Tatar mit Schalotte, Petersilie, Kapern, Gurken, Ketchup,
Worcestershire-Sauce, Salz und Pfeffer vermengen.
3. Aus der Masse 15 Kugeln formen und bis zum
Servieren in den Kühlschrank stellen.

Ganz ohne Zubereitung!
Dazu passt:

**Brot • Betescheiben und -spalten • Gurkensticks •
Cocktailtomaten • Avocadospalten • Cracker • eingelegte
Maiskölbchen • schwarze Rettichscheiben • Ziegenfrischkäse
mit Olivenöl und frischen Kräutern, Frühlingszwiebelstreifen**

PFIRSICH-TOMATEN-SALSA
Vorbereitung: 10 Min.

1 fester Pfirsich • 1 Tomate • 2 Stängel Koriander •
1 Schalotte • 2 EL Olivenöl • 1 EL Pinienkerne •
Saft von 1 Zitrone • 1 Prise Chilipulver • 1 TL Sojasauce

1. Pfirsich, Tomate und Koriander waschen und trocknen.
2. Pfirsich und Tomate fein würfeln und den Koriander
fein hacken. Die Schalotte abziehen und fein würfeln.
3. Pfirsich, Tomate, Schalotte, Koriander, Olivenöl, Pinienkerne,
Zitronensaft, Chilipulver und Sojasauce verrühren. Bis
zum Servieren im Kühlschrank aufbewahren.

ZITRUS-LACHSTATAR MIT PASSIONSFRUCHT
Vorbereitung: 15 Min.

1 Orange • 6 Halme Schnittlauch • 10 g Ingwerwurzel •
1 Passionsfrucht (Maracuja) • 300 g frisches Lachssteak ohne Haut •
1 EL Sojasauce • Saft und abgeriebene Schale von ½ Limette

1. Die Orange filetieren und die Filets in ½ cm große Würfel
schneiden.
2. Den Schnittlauch waschen, trocknen und klein schneiden.
Den Ingwer schälen und fein hacken. Die Passionsfrucht
halbieren und das Mark in eine kleine Schüssel löffeln.
3. Den Lachs ohne zu reißen mit einem scharfen Messer in ½ cm
große Würfel schneiden oder durch die Flotte Lotte drehen.
4. Den Lachs mit Ingwer, Passionsfruchtmark, Sojasauce,
Orangenwürfeln, Zitronensaft und -schale sowie Schnittlauch
vermengen und bis zum Servieren in den Kühlschrank stellen.

Aus dem Meer

Für 6 Personen

WOLFSBARSCH MIT LITSCHIS

Vorbereitung: 15 Min.

200 g Wolfsbarschfilet • 4 Litschis • 1 Avocado •
¼ rote Zwiebel • 6 Korianderstängel • 1 Prise Meersalz •
2 Prisen frisch gemahlener schwarzer Pfeffer • Saft von 1 Zitrone

1. Die Fischfilets in ½ cm große Würfel schneiden. Die Litschis schälen, entkernen und in ½ cm dicke Würfel schneiden. Die Avocado halbieren, entkernen und das Fruchtfleisch aus der Schale heben. Das Fruchtfleisch in 1 cm dicke Würfel schneiden. Die rote Zwiebel abziehen und in Ringe schneiden. Den Koriander waschen, trocknen und hacken.
2. Wolfsbarsch, Litschis und Avocado mit Zwiebelringen, Koriander, Salz, Pfeffer und Zitronensaft vermengen. Sofort servieren. Die einzelnen Zutaten dieses Rezepts im Voraus zubereiten, in den Kühlschrank stellen und erst unmittelbar vor dem Servieren vermengen, damit der Fisch durch den Zitronensaft nicht gart.

SCHALOTTEN-INGWER-SAUCE

Frische Meeresfrüchte nach Wahl • Vorbereitung: 10 Min.

6 Stängel Petersilie • 10 g Ingwerwurzel • ½ Zitrone •
½ Schalotte • 100 ml Weinessig • 1 Prise Salz •
1 Prise gemahlener schwarzer Pfeffer

1. Die Petersilie abspülen, trocknen und fein hacken.
Den Ingwer schälen und fein hacken.
2. Die Zitrone abreiben und auspressen, um den Saft zu gewinnen.
3. Die Schalotte abziehen und fein hacken.
4. Die Schalotte mit Zitronenschale und -saft, Petersilie, Ingwer, Essig, Salz und Pfeffer verrühren.

KREBSBUTTER MIT KRÄUTERN

Vorbereitung: 5 Min.

6 Stängel Kerbel • 25 g weiche Butter •
1 Prise Salz • 150 g Krebsfleisch •
50 g Frischkäse • abgeriebene Schale
von ½ Orange • 1 Prise gemahlener
schwarzer Pfeffer

1. Den Kerbel waschen, trocknen und hacken.
2. Die Butter mit einer Gabel zerdrücken und mit Salz, Krebsfleisch, Frischkäse, Orangenschale, Pfeffer und gehacktem Kerbel vermengen.
3. Die Krebsbutter bis zum Servieren in den Kühlschrank stellen.

Ganz ohne Zubereitung! Dazu passt:

**Austern • Krebsscheren • Krebse •
Garnelen • Wellhornschnecken •
Seeigel • gesalzene Butter • 1 Prise
Salz • Roggenbrot • Zitronenspalten •
Korianderstängel • Petersilienstängel •
Mayonnaise**

Geburtstagsüberraschung
Für 10–12 Personen

SCHOKOLADENKUCHEN MIT SALZKARAMELL-GUSS

Vorbereitung: 15 Min. • **Backen:** 1 Std.

KUCHEN: 120 g Butter • 6 Eier • 180 g Zucker • 120 g flüssiger Honig • 220 g Sahne • 80 g Zartbitterschokolade • 200 g Mehl • 1 Päckchen Backpulver • 120 g gemahlene Mandeln • 30 g ungesüßtes Kakaopulver
SALZKARAMELL: 80 g Zucker • 100 g Sahne • 40 g Butter, in Stücke geschnitten • ½ TL Salz • Liebesperlen, nach Belieben

1. Den Backofen auf 160 °C (Ober- und Unterhitze) vorheizen.
2. Für den Kuchen die Butter zerlassen. Eier, Zucker und Honig in einer großen Schüssel mit dem Mixer verrühren, bis die Masse weiß wird. Die Sahne erhitzen und über die Schokoladenstücke in einer Schüssel gießen. 5 Minuten schmelzen, umrühren und dann in die Eiermischung rühren. Mehl, Backpulver, gemahlene Mandeln und Kakao zugeben und alles verrühren. Die Butter unterheben.
3. Eine Gugelhupf-Backform mit Butter fetten und mit Mehl bestäuben. Den Teig einfüllen und im vorgeheizten Ofen 45 Minuten backen. Um zu prüfen, ob der Kuchen fertig ist, die Spitze eines scharfen Messers in den Kuchen stechen. Beim Herausziehen sollte kein Teig mehr haften bleiben. Auf einem Kuchengitter in der Form abkühlen lassen. Kurz vor dem Servieren die Form stürzen.
4. Für den Salzkaramell den Zucker in einem kleinen Topf auf mittlerer Stufe erhitzen, bis er flüssig und bernsteinfarben wird. In der Zwischenzeit die Sahne erhitzen, ohne sie zu kochen. Die Hälfte der Sahne über den Karamell gießen, gut umrühren und dann den Rest der Sahne nach und nach unter Rühren zufügen. Butter und Salz einrühren. Den Karamell im Topf abkühlen lassen und anschließend über den Kuchen gießen. Nach Belieben mit Liebesperlen dekorieren.

PLÄTZCHEN-LOLLIES

Vorbereitung: 35 Min. • **Kochen:** 20 Min. • **Ruhen :** 1 Std.

PLÄTZCHEN: 130 g Butter • 50 g gemahlene Mandeln • 250 g Mehl • 1 TL Backpulver • 70 g Zucker • 30 g brauner Zucker • 1 Ei
DEKORATION: 1 Eiweiß • 6 EL Puderzucker • unterschiedliche Lebensmittelfarben • Zuckerdekoration für Gebäck

1. Für die Plätzchen die Butter zerlassen. Gemahlene Mandeln, Mehl, Backpulver, Zucker und braunen Zucker in einer großen Schüssel vermengen. Die Butter und das Ei zugeben und alles zu einem glatten Teig verkneten. Zu einer Kugel formen und in Frischhaltefolie wickeln. Den Teig 1 Stunde an einem kühlen Ort ruhen lassen.
2. Den Backofen auf 180 °C (Ober- und Unterhitze) vorheizen. Den Teig ½ cm dick ausrollen. Mit verschiedenen Formen Plätzchen ausstechen und in jedes Plätzchen einen Holzstab stecken. 20 Minuten im vorgeheizten Ofen backen. Aus dem Ofen nehmen und abkühlen lassen.
3. Für die Glasur das Eiweiß verquirlen, dabei nach und nach den Puderzucker zufügen. Die Masse auf mehrere kleine Schüsseln verteilen und jeweils 1–3 Tropfen einer Lebensmittelfarbe zufügen, je nach gewünschter Farbintensität.
4. Die Plätzchen nach Belieben mit der Glasur bestreichen und mit Zuckerdekoration dekorieren. Bei Raumtemperatur trocknen lassen.

Ganz ohne Zubereitung! Dazu passt:

eine Auswahl an Süßigkeiten • Schokoladenkekse • Erdbeeren • Himbeeren • Wassermelonenscheiben in Dreiecke geschnitten und auf Eisstiele gesteckt

Hochzeitsbuffet

Für 6 Personen

WACHTELEI-KAVIAR-KANAPEES

Vorbereitung: 15 Min. • **Kochen:** 3 Min.

10 g Butter • 12 Wachteleier • 12 Mini-Blinis • 12 kleine Teelöffel Crème fraîche • 12 TL Kaviar • 1 Prise Cayennepfeffer • fein abgeriebene Zitronenschale

1. Die Butter in einer Pfanne bei mittlerer Hitze zerlassen. Die Wachteleier nacheinander aufschlagen und in die heiße Pfanne geben. Wenn das Eiweiß gestockt ist, die Eier herausheben und beiseitestellen.
2. Die Mini-Blinis erwärmen. Mit Crème fraîche bestreichen, je ein Ei darauflegen und 1 Teelöffel Kaviar darauf anrichten. Mit Cayennepfeffer und Zitronenabrieb bestreut servieren.

ARTISCHOCKENCREME MIT TRÜFFEL

Vorbereitung: 10 Min. • **Kochen:** 15 Min.

200 g Artischockenherzen • 1 Prise Salz • Saft von ½ Zitrone • 100 g Mascarpone • 1 EL Mandelbutter • 2 EL Trüffelöl

1. Die Artischockenherzen in kochendem Wasser mit Salz und Zitrone 15 Minuten garen. Abtropfen lassen.
2. Die Artischockenherzen mit Mascarpone, Mandelbutter, Salz und Trüffelöl pürieren. Bis zum Servieren in den Kühlschrank stellen.

JAKOBSMUSCHEL-CARPACCIO

Vorbereitung: 15 Min. • **Kühlen:** 1 Std.

12 Jakobsmuscheln • 4 EL Olivenöl • 1 Vanilleschote aufgeschlitzt und das Mark herausgekratzt • Saft und abgeriebene Schale von 1 Limette • Meersalz und frisch gemahlener Pfeffer

1. Die Jakobsmuscheln für 30 Minuten in den Tiefkühler stellen. Olivenöl und Vanillemark mischen.
2. Die gefrorenen Jakobsmuscheln in sehr feine Scheiben schneiden und auf einem großen Teller anrichten.
3. Mit Vanilleöl und Limettensaft beträufeln und mit Limettenabrieb bestreuen.
4. Für 30 Minuten in den Kühlschrank stellen und mit Salz und Pfeffer servieren.

Ganz ohne Zubereitung!
Dazu passt:

Brombeeren • Himbeeren • Rosinen • Cracker mit Saaten • Früchtebrot • rote Weintrauben • Ziegenkäse mit Asche • ein Stück Camembert • gesalzene Butter • Tomatenpaste • Mandeln • Walnusskerne • geräucherter Schinken

Frohe Weihnachten

Für 6 Personen

KASTANIEN-HUMMUS

Vorbereitung: 10 Min.

200 g gekochte Kastanien • 1 EL Haselnussbutter • ½ Bund
Kerbel, davon einige Blätter zum Garnieren • 2 EL Olivenöl •
25 ml Sojasauce • 1 TL chinesisches Fünf-Gewürze-Pulver •
1 Prise Salz • 1 Prise frisch gemahlener schwarzer Pfeffer

1. Alle Zutaten im Standmixer oder mit dem Stabmixer zu einer
Paste pürieren.
2. Mit ein paar Kerbelblättern und einem Schuss Olivenöl servieren.

LACHS-MASCARPONE-SCHNECKEN

Vorbereitung: 10 Min. • **Kochen:** 15 Min.

4 Stängel Dill • 100 g Räucherlachs • 100 g Mascarpone •
1 Prise gemahlener Koriander • 1 Prise frisch gemahlener Pfeffer •
1 Fertig-Blätterteig aus dem Kühlregal • gestoßene rosa Pfefferkörner

1. Den Backofen auf 180 °C (Ober- und Unterhitze) vorheizen.
Ein Backblech mit Backpapier auslegen.
2. Den Dill waschen und trocknen. Den Lachs mit Mascarpone,
Dill, Koriander und Pfeffer im Mixer zerkleinern.
3. Den Blätterteig ausrollen und die Lachspaste auf die
gesamte Fläche streichen. Den Teig fest aufrollen und die
Rolle in ½ cm breite Scheiben schneiden. Auf das vorbereitete
Backblech legen und mit dem rosa Pfeffer bestreuen.
4. Die Schnecken 15 Minuten im vorgeheizten Ofen backen.

BIRNEN-ENTENBRUST-SPIESSCHEN

Vorbereitung: 10 Min. • **Kochen:** 5 Min. • **Pause :** 30 Min.

1 Birne • 1 TL Honig • 1 Prise Muskatnuss • 1 Prise Cayennepfeffer •
1 Prise frisch gemahlener Pfeffer • 12 Scheiben geräucherte
Entenbrust • 12 Trauben

1. Den Backofen auf 180 °C (Ober- und Unterhitze)
vorheizen. Ein Backblech mit Backpapier auslegen.
2. Die Birne schälen und vierteln. Das Kerngehäuse
entfernen und jedes Viertel in drei Streifen schneiden.
3. Die Birnenstreifen in eine Schüssel mit Honig, Muskatnuss,
Cayennepfeffer und Pfeffer geben und alles vorsichtig vermengen,
damit die Birnenstücke nicht beschädigt werden. 30 Minuten
ruhen lassen.
4. Jedes Birnenstück mit einer Scheibe Entenbrust
umwickeln und mit einem Zahnstocher fixieren. Eine Traube
daraufstecken. Auf das vorbereitete Backblech legen.
5. Im vorgeheizten Ofen 5 Minuten backen. Heiß servieren.

Ganz ohne Zubereitung!
Dazu passt:

**Honigkuchen • Foie Gras • Zwiebelchutney •
Cocktailtomaten • kleine Mozzarella-Kugeln • Datteln •
gegarte Brokkoliröschen • Feldsalatblätter • Rosmarin •
Apfelspalten mit Entenbrust umwickelt und mit einer roten
Traube festgesteckt • Brot • eine Scheibe Blauschimmelkäse •
Rosinen • Walnüsse**

DANKSAGUNG

Vielen Dank an David für seine große Geduld.
Vielen Dank an Delphine für ihre große Hilfe und Tüchtigkeit.
Vielen Dank an alle Freunde, die immer für einen Aperitif bereit sind.
Vielen Dank an meine liebe Familie, Quentin und Nina.

ISBN 978-3-8094-4207-3

1. Auflage

© der deutschsprachigen Ausgabe 2020 by Bassermann Verlag, einem Unternehmen der
Verlagsgruppe Random House GmbH, Neumarkter Straße 28, 81673 München
© der Originalausgabe 2019 by Hachette Livre (Marabout), 58, rue Jean Bleuzen, 92178 Vanves Cedex
Originaltitel: Planches à Partager

Umschlaggestaltung: Atelier Versen, Bad Aibling
Herstellung: Elke Cramer
Projektleitung: Anja Halveland
Layout: Véronique Rapoport

Realisierung der deutschen Ausgabe: trans texas publishing services, Köln
Übersetzung: Antje Seidel, Köln

Satz: trans texas publishing services, Köln
Druck & Bindung: Těšínská tiskárna, Český Těšín

Printed in the Czech Republic

Verlagsgruppe Random House FSC® N001967